www.ingramcontent.com/pod-product-compliance
Lightning Source LLC
LaVergne TN
LVHW091205150826
845672LV00005B/1245

مَوجٌ.. مِن فَوقِهِ سَحاب

مصطفى أبو هلال

مَوجٌ.. مِن فَوقِهِ سَحاب

شعر

إصدارات دائرة الثقافة، حكومة الشارقة 2024 م

الناشر: دائرة الثقافة - حكومة الشارقة - الإمارات العربية المتحدة
الهاتف:5123333 6 971+
البرّاق: 5123303 6 971+
الموقع الإليكتروني: www.sdc.gov.ae
البريد الإليكتروني: sdc@sdc.gov.ae

الطبعة الأولى 2024

811.962
أ م.م أبو هلال، مصطفى
موج من فوقه سحاب / مصطفى أبو هلال .-الشارقة، الإمارات العربية المتحدة : دائرة الثقافة، 2024.
204 ص. ؛ 21x14 سم.
1. الشعر العربي – مصر -دواوين وقصائد
أ. العنوان

ISBN: 978-9948-758-12-9

إهداء

إلى محمد محمد الشهاوي

«وردةَ جُرحْ،

وغزالةَ حُلمْ»

وقصيدةً نمَتْ على يدَيهِ

قيدَ تحقُّقٍ وانتظار..

وإلى السيد غازي

الرُّوح المحلِّقةْ

والوجه الهاربْ

.. إلى الغَوايَةِ

التي ستعكسُ الحُروبُ

ريثَ يصمتُ الفضاءُ

عن غِيابِهِ

وتبعُدُ الرؤى عن المُحاجَجَةْ

إلَى القصيدةِ العنيدةِ

البعيدةِ المدَى

لعلَّها

لعلَّ أذرُعِي

تعانقُ الملامحَ المؤجَّجَةْ

حياة

لأنَّ حياةً مَا

توخَّتْ خَيالَها

وأرخت سدولَ الليلِ،

والليلُ غالَها

وأوْمَت

لمَشبوبِ الأماني بأنها:

صحارَى لَدَى الظمآنِ

يُحصِي رمالَها

فإمَّا تولَّى

صارَ كالغيمِ رِيبةً

على الأرضِ عَلّاً..

لا عليها، ولا لها

حياةٌ هي الأنثى

على أيِّ حالةٍ..

يَتيهُ بها الصَّديانُ

تَسقِي زُلالَها

كأنَّ عليها

إذ تخلّى حَليلُها

مُنازلةً..

هل يستطيعُ نزالَها؟!

إذا لم يقمْ من ليلهِ

يستبينُها..

ويرتادُ مَلهاها

ويلبَسُ شالَها

كأنَّ نساءً

يشتهينَ مُدامةً

وكانَ قليلُ الخمرِ

يُردِي رجالَها

فرُحنَ يُمازحنَ الدُّمَى

من صبابةٍ

وحَطَّ هواهُنَّ المرايا،

وشالَها

كأنَّ وَغىً

قد أنشبتهُ معاولٌ

وقد هدَّها..

من كانَ قبلُ بنَى لَها

«توخَّى حِمامُ الموتِ

أوسطَ صبيَتِي»..

.. تقولُ..

ولمَّا لم تُفنِّدْ مَقالَها

تطيرُ حماماتٌ

من الأيكِ للفضا،

مَرايا..

تُحاكي في الحَكايا

جَمالَها..

فإمَّا رأتْ

في ظِلِّها ما يَهِيجُها

روَتهُ فأجلَى..

كيف آلَت مآلَها

وكيف يطيشُ السهمُ

من عينِ قوسِهِ

لأنَّ رُماةً

ما رأوْها

وآلَها

لأنَّ سؤالاً

كانَ موتاً جوابُهُ

فليتَ تخلَّتْ..

حين ألقَت سؤالَها

عن الليلِ حدِّثها،

وفُضَّ ضبابَها

وسَلْها لدَى الغرقَى..

تمُدَّ حِبالَها

ستنسَى،

وترتادُ النواصي جميعَها

وكانَ حراماً..

ما تظنُّ حلالَها

وتأسَى..

على الذِّكرَى،

وتحيا غَوايةً

وللموتِ في الرؤيا

تشُدُّ رِحالَها

هو الشعرُ:

لا يُدنِي خُطىً لمعامِعٍ

ولكنهُ في الحقِّ

يهوَى اشتعالَها

خُطوبٌ وويلاتٌ

ونارٌ وجنةٌ

ومئذنةٌ..

باتت تنادي بلالَها

لكَم أتعبَ الرُبَّانَ

طولُ مسافةٍ

ووَعرُ طريقٍ

أن أزاحت ظلالَها

فظلَّ علَى عهدٍ

يقارحُ رزقَهُ..

يغامرُ..

مَن يُعطِي النجاةَ

احتمالَها

لعلَّ..

على ماءٍ يُنيخُ بعيرَهُ

وحُقَّ على الدُنيا

تعولُ عِيالَها

تُضيءُ

على جُنْحِ الليالي مسافةٌ

ويوشكُ نجمٌ

أن يُبيدَ ضَلالَها

ولكنها في الحربِ

قوسٌ ونبلة

تُذيقُ رعايا مُنتداها..

مُلَالَها

على رِسلِها تختالُ

والرُّوحُ حُرَّةٌ

لأنَّ سُكارَى..

يعبدونَ جَلالَها

كالذي يرى

أحملُ أنقاضِي

ودِمايَ

وأمضي

بخُطىً مجهَدةٍ

وطريقٍ وَسنَى

ومحاجرْ

لا شرطيَّ

على قارعةِ مِزاجي

يتأبطُ شرّاً

وينازِعُني في الظلمةِ

وَمْضِي

لا وازعَ من شعرٍ

يحطِمُ تابوتَ الصمتِ

ويفجَعُ جوعَ السلطةِ

أو ينكأُ جُرحَ الليلةِ بالقبضِ

قال رفيقي الشاعرُ

وهو يقيمُ عشاءَ النثرِ

ويكسِرُ فخارَ التفعيلةِ

خلفَ فضاء اليوتوبيا:

الحُرَّةُ

قد تَنذرُ للُّقمةِ

ثدييها

حينَ تنوءُ الأرضُ

بحملِ رعاياها

قطعاً

لا يكشف هذا النذرُ السوأةَ

أو يُخرجُ هذي الحرَّةَ

من بوتقَةِ العفةِ

والحريةْ

فالليلُ بهيمٌ

حين يضيقُ بنفثةِ سحرٍ

أو رمقةِ ضوءٍ

من عينِ فقيرٍ

أو يدفعُ عطشَى الرٌّوحِ

لكسرِ الحَوضِ

كان رفيقي

يتريضُ أنفاسَ البحرِ

ويَفغَرُ فَا الدهشةِ

حين يرى الموءودةَ وأباها

يشتجران على حفنةِ أورادٍ

لقيامِ الليلِ

على نهجِ الرُّكَّعِ

للقوتِ المَحضِ

لم يعرفْ حالَ تريُّضِه

أنَّ الجوعَى كُثرُ

والفردوسَ

على مبلغِ رؤيانا

حظُّ سيادَتِهِ

ريثَ يهُزُّ المَوجُ

خيالَ الظِّلِّ

ويكبحُ أفراسَ النهرِ

عن الرَّوضِ

استهمَ قراصنةُ المؤتمرِ

الناطقِ بالحريةِ والعدلِ

على فُلكِ السُّوقةِ

وابتاعوا الرؤيةَ والرَّائِيَ
وأناخوا الإبْلَ اللهثَى
في الفصلِ الأولِ للعرضِ

الخضرُ تذرعَ بالحُنكةِ
واجتازَ الغرقدَ
لم يخرق فلكَهمو
فكِلا القدرينِ:
البحارةِ والفُلكِ
أيَامَى وعَبيدٌ

وبناتٌ

في مقتبَلِ الحَيضِ...

لم تذهبْ ريحٌ قطُّ

بذاريةِ الحظِ

فقط يهتاجُ الموجُ

بمَلَّاحي الرِّقةِ

فيحيلُهمُ محاراً

أصدافاً

ولآلئَ

يُلقونَ الشعرَ

بمأدبةِ عُكاظِ المُلكِ

يوَلونَ وجوهَهمو

قبَلَ عطايا السادةِ

والحظُّ يداهمُ أفرادَ الطاقَمِ

والسائلةُ على المسرحِ

تتغنَّى بالضادِ

قبالةَ أعيُنِ أخفشِ هذا العصرِ

الحربُ عَوانٌ

وسيوفُ الحقِّ مفلَّلةٌ

والليلُ

على مائدةِ الشُّعثِ الغُبرِ

يقيمُ ولايتَهُ

أضغاثُ الأحلامِ

تصيرُ هُدىً للضالِّ

وتفتحُ أذرُعَها للناسِ

تصيرُ مدىً

وقلاداتٍ

وقصائدْ

يا صاحبيَ الفذَّ

هناك

على بُعدِ الراحةِ

ذنبٌ

وعلى حافةِ رؤياكَ

صَباً

ونساءٌ

حُمِّلنَ العشقَ

على صدرِ اللهفةِ

لم يَحملْنَهْ

الحُرَّةُ

في صدرِ الصفحةِ

شاهت وجهاً

وبدَت للوهلةِ خارجةً

تبتاعُ العيشَ

لقاءَ العهدْ

وهُنا

أرأيتَ لِبابِكَ مفتاحاً؟!

أو حضناً

تتدفأُ في قسوةِ «بابَة»؟!

أو عيناً

تلمعُ بالعشقِ

على رِسْلِ المارَّةِ

فوقَ الأضرحةِ

على عشبِ الغابةْ؟!

عبثٌ يا شاعرُ

يا ذا الأجنحةِ الوثابةْ

إن خِلتَ الجنَّةَ ثائبةً

والناقةَ آيبةً

والغارَ يصونُ السرَّ

ويُخفي الرملُ الأقدامَ عن العَسِّ

فتصبحُ صيحةُ قلبكَ

لحناً وقصيدة.

لُوتَسةٌ لم تُهاجِرْ

إلى محمد محمد الشهاوي

مثلمَا يُهرَعُ التيهُ

خلفَ الفراشاتْ

يَستلُّ سيفَ ضياءٍ

ويَعلِكُ أعشابَ موتِ البنفسَجِ

مثل حكاياتنا والبناتْ

ويَستعبرُ المُغرَقون لأذقانهم

في الهُيامِ

على نهدِ قارورةِ العِهنِ

فوقَ دمِ الصافناتْ

ومن يبذرُ الحُبَّ

في الفلَواتِ

ويسمعُ

ما يتيسرُ من لَيلِهِ

لحنَ نایاتِه

والكمنجاتْ

لا تذهبوا

حيثُ لا تجدونَ المرايا

تُعمِّدُ أوجُهَ صبْواتِنَا

واستباقَ خُطانَا إلى النورِ

لا تقنطوا

من رُجومِ غَواياتنا

أن تلوحَ على العينِ

نجماتُ هذي السماواتْ

إنَّا

على صهَواتِ جِيادِ الأمانِي

نقيمُ مع الفجرِ أعراسَهُ

ثمَّ نجلو الأهازيعَ

بالليلَكِ المَلَكِيِّ

ونركبُ كالسندبادِ البراءةَ

نذهبُ

حيثُ تقودُ الرياحُ سفائنَنا

ونحُطُّ الزمانَ على الرَّملِ

لا وقتَ بعدُ

لكَي نرفُوَ الثوبَ

أو نجلبَ القُوتَ والقاتْ

كلُّ أولاءِ الذينَ مضَوْا

دونَ أن تسمعَ الأرضُ

ركضَ خُطَاهُم

مضَوْا كنسيمٍ

يُرصِّعُ هامَ البيوتِ

ويخطُبُ جيدَ المَدَى

بالقلاداتْ

يا أيها المارقونَ

من الضَّوءِ

لو تنظرُونَ الفضَا

سترَونَ الحماماتِ يخفقنَ

لا يرتدعنَ عن الخفَقانِ

وليسَ ترَى

أعينُ الجوعِ

ثَمَّ فُتاتْ

ولكن

بما تُجتَلَى الرُّوحُ

تشدو النوارسُ

بالأمنياتْ

هنا صولجانُ حَكايا

وأسرابُ أزمنةٍ

تحملُ الصَّبَّ

في شَمسِهِ

وتبُثُّ لهُ الحُلْمَ

في قلبِهِ

وتُميطُ

من الصحُفِ السيئاتْ

هنا فرسٌ

رغمَ كلِّ الرِّهاناتِ

صَلدٌ

يُضمِّدُ جُرحَ السُّها

ويفضُّ بَكاراتِ

كلِّ القصائدِ

يفتحُ قِنِّينةَ الضَّوءِ

للبحرِ

يمنحُ أنجُمَهُ للفُراتِ

هُنا

حيثُ لا يَرفُلُ الشِّعرُ

في رَغَدِ البنكنوتْ

ولا ينسِجُ الخيطَ/

خيطَ الحِمَى/

العنكبوتْ

ولا يألفُ القيظَ

غيرُ الحُداةْ

تراوِدُهُ

أعينٌ وقلوبٌ

وتصدحُ

في قلبِهِ القُبَّراتْ

هو الآنَ

لُوتسةٌ لم تهاجِرْ

وأيوبُ

فوقَ يَدِ الدَّهرِ

صابرْ

وصفحةُ بحرٍ

«يخاصرُها المَوجُ في نَهَمٍ»

ويبُثُّ

إلى ربِّهِ الصَّلواتْ.

البحرُ مفتوحٌ
بلا شُطآنِ

ما قرَّ في ذاتي

وفي وجدانِي

صَوتِي

فلا تُمسِكْ عليَّ لسانِي

لا ذنبَ

أكبرُ من مساوَمَةِ الهَوى

بمَضاءِ سيفِ الوقتِ

والخذلانِ

كلُّ اجترار اتِ الفُتُوَّةِ

لن تَصُونَ حياةَ إنسانٍ

بغيرِ كِيانِ

يا فالقَ الحَبِّ

اسقنِي من منهلٍ عذبٍ

كسَيلِ الشعرِ

خَطَّ بَنانِي

وابسُطْ يدَيْ عدلٍ

لعلَّ أسِنَّةً لرِماحِهِم

تُفتَضُّ فوقَ سِنَانِي

دنياهُمُو

حدُّ الصِّراطِ على المدَى

ما بينَ إيمانِي

بلا إذعانِ

اربطْ على قلبي

وبُثَّ سكينةً في الروحِ

ذَانِ: مُدَامَتِي ودِنانِي

ما ضرَّنِي

ركضُ الحياةِ على دَمِي

وصعودُ أعدائِي

على جُثمانِي

فمثالُهم:

حُمُرٌ تخوضُ مَعامِعاً

ومثالُها:

شاةٌ بغيرِ لِبَانِ

غامرتُ بالأوقاتِ

في دفعِ الأذَى

ورأيتُ جُلَّ الموتِ

رأيَ عِيانِ

حتَّى بصُرتُ بها

بغيرِ جَنابةٍ

وقرأتُ سفرَ الوجدِ

في الفنجانِ

قلبي تذرَّعَ بالجمالِ

وهالَنِي

ألّا يكونَ قضيةَ الإنسانِ

أنْ تُظلِمَ الدنيا
برغمِ شُموسِها
كمُهَجَّرينَ
على رُبَى الأوطانِ

كمسافرينَ

على جناحَيْ مُهجةٍ

لم يلحقوا بسفينةِ الطوفانِ

النـاسُ

لا يدرونَ أينَ دُروبُهُمْ

يخْطُونَ في تِيهٍ

خُطَى العميانِ

مثلِي

وما انفَكَّ الحصارُ

ومنزِلِي:

صوَرٌ وتاريخٌ وسبعُ مثانِ

الليلُ

والجدرانُ

والسجَّانُ لِي

«والحبلُ والجلَّادُ منتظرانِ»

يا كلَّ أَخْدَانِي

وكلَّ رَوافِضِي

يا شِعرِيَ المسفوحَ

يا هذَيانِي

من يَجْبَهِ الأمواجَ

يَلْقَ زُؤامَها

البحرُ مفتُوحٌ

بلا شُطآنِ

ولكن.. يشربونَ دمِي.. حياةً

ويضربُ جبهتي يوماً، ويمضي
وأضربُهُ بذاكرتي
فَيَقضِي..

وذاكرَتِي على مثل الحكايا
تقارعُ في الحروبِ
وليس تُغضِي

تذودُ عن الحِمَى وتقول حَسبِي
إذا ما دلَّسَ الواشونَ أُفضِي

بما كانت تُسامرُهُم لُغاتِي

بِليلِهمُو.. فيقتاتونَ عِرضِي

ولستُ أنا المهادنَ والمُمَالِي

ولكنْ.. ذانِ:

بُغضُهمُو وبُغضِي

وكم كانوا بأرضي من ضيوفٍ

وحينَ أغيبُ.. يحتلونَ أرضِي

تُعَبِّدُهُم قصائديَ السُكارى

وتُثمِلُهُم سِقايتُهم بِحَوضِي

وكنتُ أسودُ في الهَيجَا بِقلبٍ

رَهِيفٍ رغمَ ثَورَتِهِ، وغَضِّ

وقَلبِي.. نابضٌ بخَلَاقِ شِعري

ولا أقوَى.. على تكذيبِ نَبضِي

ولكن.. يشربونَ دمِي حياةً
وكنتُ وهبتهم كُلِّي وَبَعضِي

وقد أحسنتهُم في البيعِ قَرضاً
وما وَفَّوْا برغمِ الناسِ.. قَرضِي

صدَقتُهُمو رواياتِي وفِعلي
وكِذبُهُمو على طولٍ وعَرضِ

وكم كانت ليالينا طوالاً

وكنتُ أضيقُ بالوقتِ المُمِضِّ

إلى أن يَمَّحِي قبَسُ الحَكايا....

ويمضي الليلُ حيثُ يشاءُ يمضِي

أظلُّ على عهودهمو أميناً

وعهدي: أن يُرَوِّي العطْشَ فَيضِي

وأن أبقَى على حقٍّ.. بقائي
على دِيني، ولو في الحقِّ قَبضِي

قصيدي دائماً يحكِي حياتِي
فيزهرُ دائماً بالجودِ رَوضِي

وقصدي للسلامِ يقودُ خَطوي..
لقاءَ هَوىً – على الحالَينِ – مَحضِ

كأنَّ عليَّ طَوَّافَ المَنايا..

فأُغضبُهم إذا شاؤوا وأُرضِي

لكَم كانت مياهُ الشعرِ حَرثاً

وفاءُ العهدِ عندهمو كنقضِ

تُذَكِّرُهم شكاياتُ القوافي

ويقتُلُهم قَبولُهمو ورَفضِي

فيا دنيا النوازلِ فاتَ وقتٌ..

على زِندَيكِ ظُلماً....

أن تَعَضِّي

وليسَ أشَدَّ...

بالأرضُ انتهاكاً

لعِرضِ الشعرِ..

من هُونٍ، وحَرْضِ

النُّجومُ التي تُضيءُ صُخورُ

كانت الرُّوحُ

حينَ تَظمَا تُغنِّي

والحَكايا

على المرايا تدورُ

مثلَ طفلٍ

قُبَيلَ مَزقةِ نَهدٍ

وطيورٍ

إلى الأمانِي تطيرُ

الليالي

تشُدُّ أزرَ الليالي

والثنايا

يبُثُّهنَّ الضميرُ

كان راعي الهوى

على البئرِ

يَسقي لظِماءٍ

وقد بَراهُ الهَجيرُ

صارت الرُّوحُ

في الحنايا فراغاً

وغياباً يَتيهُ فيه الحضورُ

كلُّ وادٍ

ورَبوةٍ فوقَ طَودٍ

تتلاشَى

وكم سماءٍ تمورُ

ليرَى الناسُ

أنَّ بالأرضِ مَنأىً

عن قتالٍ

وسوفَ يُسبَى الحَضيرُ

كلُّ حربٍ

بها قيامٌ وظَعنٌ

عِيرُها

حيثُما يكونُ النَّفيرُ

البطولاتُ ذِي:

رُؤىً وسَجايا

هي أُسْدٌ

ولو تَناءَى الزئيرُ

كم قتيلٍ بها

يضُوعُ حياةً

وظلامٍ

يشوفُ وهْو ضريرُ

الرُّبَى الخُضْرُ

والقِفارُ سواءٌ

يلمعُ السيفُ

حيثُ تدنو النُّحُورُ

الصحارَى

بذاتِ عُريٍ:

بلادٌ

والنجومُ التي تضيءُ:

صخورُ

اعتيادُ الصياحِ
عندَ المَنايا
كسؤالِ الأسيرِ
وهْو أسيرُ

غيرُ مُجدٍ
ولو يَبينُ جميلاً
كان أجدَى لِخَلَّةٍ
أنْ تثوروا

سوفَ تحيا

ديارُ عِزٍّ وجُودٍ

وستفنَى

ممالِكٌ وقُصورُ

حين تغدو الحياةُ

عند بنيهَا

محضَ موجٍ

يموتُ وهْو حَسيرُ

البداياتُ

ما بهِنَّ خطايا

والنهاياتُ

كلُّهُنَّ ثُغورُ

لو درَى المُطرِقونَ

أنَّ صياحاً

في زمانِ الحصارِ

ليسَ يُغيرُ

لأناخوا بعيرَهُم

وتخَلَّوْا

كي يخوضَ الوَغى

هَتُوفٌ هَصورُ

كلٌّ ساعٍ لرُوحِهِ يلتقيها

ليسَ يأسَى

وليسَ عزمٌ

يخورُ

يا الحِسَانُ اللواتِي
طَفَرْنَ نُجوماً
في سماءِ الهوَى
خُدُورٌ وحُورُ

وبلادٌ
تذُودُ عنها دِمَانا
ذِي سماءٌ
وجنةٌ وحريرُ

كعبةٌ ومقامٌ حرامْ

إلى رُوح الشاعر: فتحي البريشي

مضَى

وكأنَّ الليالِيَ

كانت هواجسَ

أضغاثَ أحلامِ ليلِ الخريفِ

مُدىً

في خُصورِ اليمامْ

سهاماً

مرصعةً بالكلامِ

تطيشُ

فتنكأُ جُرحَ الغلامْ

مضت ليلتانِ

على رحلةِ الضوءِ

شقَّ البراقُ الفضاءَ

وسَوَّحَ سِربَ القَطا

والحَمامْ

الفراشَ

الذي طافَ بالنورِ

يا ألفَ ليلٍ

يُصفِّدُ شيطانَهُ

ويُهدهدُ غِلمانَهُ

ويُعَمِّدُ أنجُمَهُ

فوقَ هامِ الهُيامْ

لماذا

قطعتَ صلاةَ القصيدةِ

وهْي تسبِّحُ؟!

لِمْ لَمْ تُقِمها؟!

وكيفَ

على حِينِ موتٍ

تُقوِّضُ صَرحَ الهوى

وتفضُّ بكاراتِ

شدوِ العصافيرِ؟!

كم صهوةً

قد كبَوْتَ بفارسِها

وشقَقتَ عن الموتِ

صدرَ الظلامْ؟!

هناكَ

على بُعدِ ليلَكَةٍ وندىً

كانت الأرضُ عُشباً

وكانَ الفتَى

يفتحُ الشمسَ

للنيلِ

يصدحُ

بالناسِ

والطينِ

يحملُ فوقَ كواهِلِهِ

حُلمَهُ

وبناتِ الحِصارِ

اللواتي هُرِعنَ إليهِ

أنِ اصعدْ بنا

قمةَ البوحِ

طالَ غيابُ الفوارسِ

في الحربِ

نحنُ على عينِكَ الآنَ

نهتاجُ بالعشقِ

والليلُ..

أنت الذي

ستخوضُ الغمارَ

وتُخرجُ

من جُبةِ الليلِ

حُلمَ العذارى

وترفعُ

عن وجهِ هذا النهارِ اللثامْ

عن الرُّوحِ

حينَ تشفُّ

عن القلبِ

حين يرى النورَ

في الناسِ

ثَمَّ

يسلِّمُ دفتَرَهُ للرياحِ

ويحسُو على الشمسِ

نخبَ الرضا

ويعلِّقُ أحلامَهُ

بالغمامْ

هنا النورُ

في قلب هذا الفتَى

يتجلَّى

هو النَّجمُ

حيثُ دَنَا

فتدَلَّى

وفي جلوةِ البحرِ

مَوجاً

يخاصرُ أحلامَهُ

ورؤاهْ

ويحملُ أصحابَه

في دِماهْ

ويُمسكُ حالَ السقوطِ الزِّمامْ

هنا

كان شاعرُ هذا الزمانِ

ومحرابُ هذا المكانِ

وجُنَّةُ هذا الصيامْ

هنا

كان «فتحي» يغنِّي

فتسمعُهُ الحورُ

فوقَ طِباقِ السماءِ

فيلبَسنَ بُرداتِهِنَّ

يُكفكفنَ دمعاتِهِنَّ

يراودنَ أحلامَهُنَّ

ويخطُبنَ جِيدَ المدَى

ويُمسِّدنَ شعرَ السُّها

بالغرامْ

هُنا

حيثُ تسكنُ في القلبِ

روحُ حبيبي

ويرفُلُ في النورِ طيفُ الغريبِ

أتيهُ مع الحُلمِ

والحُلمُ كان على عينِهِ

وهواهُ

كؤوسَ مُدامْ

هُنا

فوق هذي الرُّبَى

رُوحُهُ

كوكبُ الدُّرِّ

حالَ قِراعِ الخُطَى

للهزيعِ الأخيرِ

من الشِّعرِ:

خيلٌ

ومعركةٌ

وسِهامْ

هُنا

رَيْثَ يَقرعُ ناقوسَهُ

فارسٌ وجوادٌ

وبَينٌ

تُقامُ على رَحْلِهِ

كعبةٌ

ومقامٌ حرامْ

من إرهاصات الموت

البلادُ التي تراكَ
وتجثُو بدِمَاها
على عميقِ جُروحِكْ

لا تَسُؤها
فليسَ وَعْرُ طريقٍ
يُبعِدُ الفَجرَ
عن ظلامِ طُموحِكْ

والحياةُ

التي تَلَذُّ بموتٍ فيكَ

دَعْهَا

تعيشُ فوقَ ضَريحِكْ

وابنِ نَفْساً

تَرُومُ أن تتعافَى بمريضٍ

وتَشْتَفِي بصحيحِكْ

إنها مُنيةٌ

مَشَيتَ وتدري

ربما لم تَجِئْ بمُرسَلِ ريحِكْ

ربما الليلُ

في دُجىً يتسلَّى

والأماني

قتلتَها بفَحيحِكْ

ليس يأسَى

على هواكَ

زمانٌ ضاقَ

حتَّى تَؤُزَّهُ بجُموحِكْ

المكانُ الذي

تحنُّ إليهِ

رَيثَما

يعصفُ الهجيرُ بِرُوحِكْ

سيصيرُ

الذي تقيمُ المَنايا

فيهِ مُلْكاً

على حُطامِ صُروحِكْ

لا تُعِنكَ الحياةُ

أن تتباهَى

بزيوفٍ

بغَتْ رِثاء مَديحِكْ

ربما خُنتَها

ببعضِ جمالٍ

في الحَكايا

ولم تَبُؤْ بقبيحِكْ

ربَّما خِلتَها الهواءَ

ستذوِي كفراغٍ

وما الهوا بمُزيحِكْ

المَرايَا

هي الرؤى والأماني

لا تُقايضْ ألماسَها

بصفيحِكْ

لا تقُمْ

إنَّما الحياةُ زوالٌ

لستَ تنجو

بغيرِ مركِبِ نُوحِكْ

ماتَ شاهداً..

إلى ضمير الشعر الغائب / عبد الله الشوربجي

كأنهُ تنفسَ السماءَ

صارت النجومُ صوتَهُ

وشقَّت الكواكبُ الصدَى

بِكَم..

حياتُهُ على العيونِ

راوغَت رؤاهُ

كم فجيعةً غيابُهُ

وكم ردَى؟!

أناخت الحروبُ إبْلَهُ
وصدّعت قصورَهُ
وغالت الغياهبُ المَدَى

وصارت البيوتُ
حُلكةً..
بُعَيدَ بَينِهِ،
وكلُّ أغنياتِهِ كصوتِهِ
سُدىً

وكان..

أن رأيتُهُ لوهلةٍ

فأصبحَ اليَبابُ جنَّتينِ

والبهاءُ سرمَدا

تشكلت ملامحُ الوجوهِ

في قصيدِهِ،

وهانَ في الوجوهِ

إذ تمرَّدَا

تراهُ..

ممسكاً زمامَهُ..

مُجابهاً حِمَامَهُ..

مولَّهاً مسَهَّدا

يساجلُ الهوى

بقلبِ صحبِهِ

ويقطُرُ الحنينَ

من عيونِهِ

كمَيِّتٍ غدا

نشيدُهُ الأخيرُ

حربُهُ مع الحياةِ

كانَ خافياً..

على مسافةٍ بَدَا

لأنهُ – نَجابةً –

نبيُّ أهلِهِ..

على قتامةِ الضياءِ

ماتَ شاهدا..

أتذكَّرُ

أتذكَّرُ

يا..

حالَ بيني وعينَيَّ

دمعٌ

وسبورةٌ

كانَ يرفعُ أستارَها

عن رؤاهُ

وكُرَّاسةٌ قيدَ توقيعِهِ

وندى

حينَ شبَّ الصغيرُ

على الرُّوحِ

صارَ فتىً

في فِجاجِ المسافاتِ

يبنِي الجدارَ على الكَنزِ

يبزُغُ ضوءُ شهابٍ

على عينِهِ

يتحوَّرُ هذا الشهابُ

مَدى

النجومُ

توافَيْنَ من فَيئِهِ

وبُراقٌ

إلى سِدرةِ النورِ

شقَّ الفراغَ

حَدَا الرَّكبَ

والخيلَ في الحربِ
لم يرهبِ الموتَ
أو يحملِ الرُّوحَ
ياقوتةً في المَساءِ
ولم تذهبِ الريحُ
رغمَ الغمامِ سُدى

كلُّ ما أذكُرُ الآنَ

من طلعةِ الشمسِ

في الصبحِ

والنجمِ

حين هوَى

والغمامِ الذي

كان قبلُ سحاباً

وصارَ

على أذرُعِ الريحِ قطراً

وذاكَ اليباب

الذي صفَّدَ الطيرَ حينَ شدَا

ذلك الأقحوان

الذي ضوَّعَ الملكوتَ شذاً

وتغنَّتْ به الملِكاتُ

فكانَ لدَى كلِّ ضالٍّ

هُدى

وحدهُ

والفيافي

تقعقعُ فيها الرياحُ

ويثوِي الغبارُ على حِجرِهِ

رَيْثَ

يفتحُ صدرَ الرؤَى للحياةِ

ويجثو

على جانبٍ في الصلاةِ

ويقرأُ في الفجرِ:

(تبَّتْ يدَا)

هنا

يقفُ الصحبُ بالرَّكبِ

حيثُ براقٌ

تهيأَ فارسُهُ للفضاءِ

رأى كوكباً

يتزيَّا لراهبِهِ

فأضاءَ على رِسلِهِ فَرقَدا

أتذكرُ

كم كانَ حيّاً

إذا عظُمَ الموتُ في الناسِ

حين يخافونَ في الحقِّ

ريثَ يُجيلُ خواطرَهُ

ونواظرَهُ

لا يرى أحدا

أتذكرُ

كلُّ حياةٍ

نمَتْ في ملامح قريتِنا

نَبتُهُ

والكرومُ التي

تتدلَّى

على شُرفةِ النهرِ

بَيعَتُهُ للضميرِ الحَييِّ

وفي كلِّ ساريةٍ

علَمٌ

قايضَ الليلَ

بالشَّمسِ

والبيتَ بالرمسِ

مدَّ لكلِّ غريقٍ

يدا

أتذكَّرُ

هل حان أن أتذكرَ

من كانَ ظلَّا من القيظِ؟!

يَطعَمُ نخلاتِهِ الجوعُ

والروحُ تلبَسُهُ بُردةً

في هزيعِ السُّهادِ

ومَن بعدَ غيبةِ نورِكَ

يا سيِّدَ النورِ

ما سُهِّدَا؟!

أيا سيِّدَ الناسِ:

من منهمو

سيضَمِّدُ جُرحَ ليالٍ

خلَتْ من طيوفِكَ؟!

من يرفُلُ الآنَ في الضوءِ

والنجمُ آثرَ أن يبعُدَا؟!

نمْ الآنَ

يا سيِّدِي

في رُبَى اللهِ

فاللهُ لا يمنعُ النازحينَ إلى الفُلكِ

جائزةً للنجاةِ

ولا يخُلِفُ السائرينَ على دَربِهِ

موعدا

ولو كمحضِ خيالِ

كم ظلالٍ

قطعتُها في خيالي

وحُتوفٍ

بمَتنِ هذي الظلالِ

أينَ تَهمِي الرؤى

تجودُ حِمانَا

بدِمانا

لقاءَ رَشقِ النِّبالِ

هذه ليلةٌ

وثَمَّ ليالٍ

سوف تمضي

ولا تلَذُّ الليالي

كلَّما هامت النجومُ بأفقٍ

ضاقَ عنها كعهدِهِ

لم يُبالِ

ما دَنَا مرَّةً

لقاءُ حبيبٍ بحبيبٍ

بغيرِ «قِيلٍ وقالِ»

يُضمرُ الناسُ

كلَّ قُبحٍ

إذا ما

شهِدوا الحقَّ

أوْمَؤوا بالقتالِ

رَيثَما

غنَّت الطيورُ نشيداً

ضجَّت الريحُ

بالصَّفيرِ المُمَالِي

وتولَّتْ

وأيُّ ضوءٍ توَلَّى

ويْكأَنَّ الصَّبَا

مُحَالُ المَنالِ

كلُّ ساعٍ

إلى النجاةِ بأرضٍ

يلتقيها

ولو كمحضِ خيالِ

لا تقولوا

لمن يُهاجرُ فينا وادياً

إننا بِعالي الجبالِ

قرِّبوهُ..

ولا تردُّوا سَؤولاً

ربَّما يؤنِسُ الليالي الخَوالِي

يا دمشقُ..

وكم عزيزٍ وغالٍ

وجميلٍ

من الرؤى والعيالِ

ماتَ

أو كادَ

والحياةُ زوالٌ

وشهيدٌ

بغيرِ آلٍ ومالِ

الذي عاشَ للحياة

خَديناً

مات عنها برِبْقَةِ الأغلالِ

والذي أدركَ الهوانَ

فأذكى عمرَهُ

في تقاتُلٍ ونِضالِ

كم وقفنا بأرضهم

وسألنا عن رؤاهم

ورُوحُنا في السؤالِ

البيوتُ التي

نظنُ بيوتاً

ربَّما

لا تضيءُ كالأطلالِ

أُمّ

إلى أمِّي..
بعد عَشرٍ سنوات من الأفول..

وكُلَّما

ذكَرتُ خَطوَها الحثيثَ

نحو نجمةٍ

تتيهُ في فضائنا المُلَبَّدِ

وكم تحاملَتْ

على المدَى

ومدَّت الأياديَ/ القلوبَ

تَخبزُ النجومَ للجياعِ

تُولِجُ الغَمامَ أرضَنا

لتُنبتَ الحياةَ

في تراثنا المبدَّدِ

وتحمل الشموسَ

ملءَ رُوحِها

تُضيءُ ظلمةَ الضِّياعِ

تُنبتُ الزهورَ

في الفَلا

تُمسِّدُ الضياءَ

في الخَلا المُجعَّدِ

أقولُ:

ليتَ ليلةً تَجِي

نرَى

ولو لخُطوةٍ

مفازةً،

ونستعيدُ سَيرَنا

بدربِنا المُمهَّدِ

بِلَيْلةٍ

نشُقُّ ظُلمةً

ونـخلعُ القنـاعَ

عِزَّةً

ونستفيقُ

من خيالِنا المُهدَّدِ

سيخلعُ الغروبُ

ثوبَه الحزينَ

ثَمَّ

يُشرقُ الصباحُ

آيِباً بطيرهِ المغرِّدِ

ستستحيلُ مَوْتةٌ

لخافقِ الفتَى

يَداً

تدقُّ مِزهراً

تشقُّ أنهُراً

وتعتلِي ذُرىً

تصبُّ كأسَها

لقلبِهِ الصَّدِي

مُفَزَّعونَ بَعدَها

وتائهونَ

في الضَّنَى المؤبَّدِ

وموقِنونَ

أنَّنا على شَفا غَوايةٍ

وأنَّ كلَّ ما نعيشُ

لا يزالُ قبضَ ريحٍ

لم تُغِرْ خيولُنا

ولم تبُؤ حُروبُنا

بفارسٍ..

وسَيفِهِ المهنَّدِ

ولا يزال خَطوُنا مبعثراً

لأننا:

بلا هُدىً نسيرُ

لا يَحُدُّ خَطوَنا المسيرُ

نُمسكُ العصا

بلا يدِ

نهايةٌ

على حدودِ بَدئِنا

ومُنتَهٍ

بغيرِ مُبتدٍ

وصارَ

من يبثُّ حلْقةً

ومن يديرُ صفحةً /

جريدةً

لبعض صَحبهِ

على اتساعِ صدره

وجيبِهِ

مناضلاً

كصاحبِ المؤيَّدِ

وشُبِّهَتْ

عجوزُ ليلةِ المُحاقِ

بالبناتِ النُّهَّدِ

ثقيلةٌ

هي القيودُ

حينَ تستحيلُ غايةُ الفتى المَهيضِ

في انتظارِ عُوَّدِ

وحينَ

يُسرَقُ الجياعُ قوتَهم

ويألفُ المجاهدون موتَهُم

وتقبضُ الحروبُ

دِيَةَ المُجنَّدِ

موتٌ يَسيرُ..

إلى الرُّوح المحلِّقةْ
والوجه الهاربْ

المقاديرُ، والنَّوَى، والمصيرُ
كأسُ ليلٍ.. على السواقي تدورُ

ليسَ يوماً.. ككلِّ يومٍ قضينَا
في رُباهُ...، وليس درباً نسيرُ

كلُّ عالٍ هوَى، وكلُّ مَشيدٍ
من قصورٍ،.. غداً تزولُ القصورُ

كانَ نَسراً مُجَنَّحاً...... وضميراً

في بلادٍ.... يموتُ فيها الضميرُ

ودروبٍ.. تضيعُ فيها حياةٌ

دون فوضَى..

وذاكَ موتٌ يسيرُ

لم يخُضْ حربَهُ، ولم يُحْنِ هاماً

لم يُغِرْ.. لا..

وليسَ مَيْتٌ يُغيرُ

كانَ صبّاً.. كما رأى ورأينا
يُولِجُ الشعرَ في الوغَى.. ويَميرُ

كان سُقيا لكلِّ راءٍ وراعٍ
كان بئراً.. تَفِي إليها البَعيرُ

يا رفاقي، وكان كلَّ رفاقِي
كان يَشجَى.. كأنَّ طيراً يطيرُ

عاشَ.. هل عاشَ؟ أم تُرى يا رؤانا
حيثُ كان الهوى تكونُ النحورُ؟!

كان شِعراً، وعزَّ أن يتراءى

في زمانِ الخَنا دمٌ وشعورُ

وخيالاً.. لِذِي خيالٍ....، ومعنىً

وسماءً، وكم سماءٍ تَمورُ

كم عُراةٍ تنَكّروا لِرِداهُ

وحُفاةٍ، ولم يخُنْهُ المَسيرُ

كلُّ ظُلمٍ رآهُ كان ظلاماً..

وهْوَ رغمَ الدُّجَى

سراجٌ مُنيرُ

ليتهم يَمنحونَ حَيّاً.. حياةً

نحنُ موتى.... وليسَ تُغنِي النُّذورُ

نحنُ موتَى، وكلُّ عَيشٍ سواهُ

محضُ مَوجٍ يموتُ وهْوَ حَسيرُ

رِدَّة

كُلُّهم

عانقوا النجومَ

نجوماً

ووحيداً

مكثتُ قيدَ دِمايَا

صابئاً

عن ديانةٍ ورسولٍ

لا يَبينَانِ

في انعكاسِ المرايَا

لا يقولانِ

غيرَ قولةِ حادٍ

ضلَّ عن عِيسِهِ

فصِرنَ سبايَا

يا زماناً

رأى العُراةَ

فأذكى مهرجاناتهم

جزيلَ العطايَا

أرتدي بِذلةً

وأنفُخُ نايًا

وأغنِّي

على الكمانِ رؤايَا

فيضجونَ

كيفُ يصعدُ شادٍ

فوقَ هامِ الرؤى

وفوقَ التكايَا؟!

ويقولون:

إنني محضُ قلبٍ

ليس عندي

رواحلٌ ومَطايَا

محضُ قلبٍ

مضمخٍ بالأماني

وهُمُو

من دمِ الأماني عَرايَا

هُمْ على رِسلِهم

يفُضُّونَ غزلِي

كيف

لا تحملُ البغِيَّ البَغايَا؟!

ويقولونَ:

كيف صارَ نبيّاً؟!

ينفُثُ السِّحرَ

في دُروب الدنايَا

كيفَ صارت رُبىً

صحارَى قفارٌ

كيفَ تجفو السَّما

فتهمي سمايَا؟!

هل دَرَى

الناقِفونَ حنظلَ ذُلٍّ

أنَّ لي عُشبةً

تقيمُ رَعايَا؟!

وبلاداً

إذا تضِنُّ بلادٌ

فملاذي

قصيدتي

وحِمايَا

كلُّهم

يزرعونَ دون حصادٍ

ويُرَوُّونَ

من خبيثِ النوايَا

النسيمُ الذي يحاكونَ

قيظٌ

نافقاتٌ

فهل يَعُدْنَ صبايَا؟!

ها هو الليلُ

قد أجابَ ندائي

سوف أبقَى

وسوف تفنَى البقايَا

يا رفاقِي

دمِي حرامٌ عليكم

بعدَ سُكنَى

جوانِحي والخلايَا

أيُّها الراكضونَ

صوبَ دمائي

أيها المُظهِرون

كلَّ الخفايَا

أيها المُرجِفونَ:

لستُ بِعَلٍّ

أن يخوضَ الغمارَ عنِّي

سوايَا

وقِّعوا موثقَ الحصارِ

وهيَّا

إنها ثورةٌ

وثَمَّ ضحايَا

اجترار

من بين سبعٍ طِباقِ
تلتفُّ ساقٌ بساقِ

لا النهرُ يحفُرُ مجرىً
ولا النَّوَى كالبُراقِ

ولا الهوى في المرايا
ضمَّ الهوى في العناقِ

لا خمرَ يُثملُ جَرحَى

مهما تُدِرُّ السواقِي

كلُّ الذين نلاقي

زورٌ

ومن لا نلاقي

الحقُّ أبلَجُ قولاً

والظُّلمُ في الأرضِ باقِ

ما دُمتَ تنشُدُ نُوراً

اخرُجْ بُعَيدَ السبَاقِ

أمسِ التقينَا

وندرِي

أنَّ المَدَى للفِراقِ

واليومَ ليسَ لقاءٌ

من غيرِ دَمعٍ مُراقِ

هذي الحياةُ سُفُوحٌ

لا تحسبوها المراقي

الليلُ سامرُ ليلَى

والشعرُ ليلُ العراقِ

يا سامرِيٌّ حبيبي

عذبُ الوَما والمذاقِ

ما كلُّ من قتلونِي
عُنَّابُها والمآقِي

لكنَّ لي قيدَ رؤيا
قلباً يزيدُ احتراقِي

ما كنتُ أسبقُ ضوئي
لولا اعتيادُ استباقي

الحبُّ همسٌ بأُذنِي

يبدُو بحالِ استراقِي

يا كلَّ من يزدريني

يا من يشُدُّ وَثاقِي

لستُ الذي عاشَ ظِلّاً

أو جُملةً في السِّياقِ

ولستُ من يزِنُونِي

بلوعتي واشتياقِي

أنا المَنُونُ إذا ما

نزعتُمونِي خَلَاقِي

لستُ بناجٍ أو صالِ

أتخفَّفُ من أحمالِي

وأسيرُ على مِنوالِي

لم أسرقْ أحداً قوتاً

كي يسرقَ قوتَ عِيالِي

كلُّ صراعاتي رأيٌ

لا أحدٌ يَشغَلُ بالِي

لا أحملُ صَكَّ دخولٍ

لخزانةِ بيتِ المالِ

يا مَن غايتُكم وَصلِي

كم قطَّعتُم أوصالِي

هل لي عند الرافضِ لِي

غيرُ نِضالي بخيالِي؟!

أَوَجاءَ بشعرٍ يوماً

كي يأمنَ رشقَ نبالِي؟!

مَن شَهِدَ الحيةَ تسعَى

لن تَسحَرَهُ بحِبالِ

يا صاحِ تَلَثَّمْ واربِطْ

طرفَ العِمَّةِ بالشالِ

وابعُدْ بِطَنينِكَ عنِّي

لستَ إلهاً أوحَى لِي

ظَهرِي حَمَّالةُ شِعرِي

شِعرِي صَنَّاجةُ حَالِي

بَوحِي يسبقُ أنَّاتِي

كَتفِي تحملُ أثقالِي

لا تشغَلْكُم أحوالِي

لستُ بناجٍ أو صَالِ

كلُّ مطامعِ أعدائِي

تتكسَّرُ فوق نِصالِي

لكنَّ فضائيَ رَحْبٌ

يسَعُ السامعَ والتَّالِي

فأغنِّي حالَ غناءٍ

وأقارعُ حالَ نضالِ

وأنا للحقِّ وديعٌ

وإنْ استعَرَتْ أقوالِي

أفعلُ ما يُملِي قلبي

وإن استنكرْتَ فِعالِي

هل كان نعيبُكَ شدواً

حتى يؤذيكَ مقالِي؟!

أم كنتَ «تُفَعِلُنُ» صخراً

لا «يَتَفعلَنُ» بالخالِ؟!

أنا لستُ أراكَ أساساً

أنا حرٌّ لستُ أُمالِي

ولذا

لن أخفضَ صوتِي

عندَ اللُّصِّ المحتالِ

أحملُ أرضي وجبالِي

فوق جبينِي الحَمَّالِ

وأطيرُ بغيرِ جناحٍ

لسقوطي لستُ أبالِي

والله حياتيَ حقٌّ

لو كانت في الأدغالِ

فأنا أتشرَّبُ حُبّاً

أتزيَّا عِقدَ لَآلِي

أعقِلُ هَمِّي وأغنِّي

فوق تلالِ الأطلالِ

وأراكم محضَ جِراءٍ

في مؤتمرِ الأفيالِ

تمشونَ عُراةً عَيناً

صُوفٌ مثلَ التِّرجالِ

وَهْمٌ ما صِرتمْ فيهِ

كمناجاة التمثالِ

وسرابٌ جُلُّ رؤاكم

مثلَ دُعاةِ الإحلالِ

ليس عليكم تثريبٌ

أن عجَّلتم بنزالِي

فخيولُكُمو ويحَكُمو

تكبو في شِبْرِ رِمالِ

والموتُ على أظهُرِكُمْ

سيكونُ بغيرِ مثالِ

وطَنْ

يا خَيالِي

لم يزَل وطنِي

نبضةً

في خافِقِ الزمنِ

وكتاباً

فيهِ سُورتُهُ

ليس في جنٍّ

ولا وثَنِ

يَزدهِي

في رَوضِهِ شَجرِي

هو

مثلُ الرُّوحِ

للبَدنِ

مِن رُفَاتٍ

قد بنَى مُدُناً

مثلَ طيفِ النورِ

والوسَنِ

في بِحارِي

مَوجُهُ لُغةٌ

لا كَماءٍ

غائضٍ أسِنِ

كم شبابٍ

فارَ فورَتَهُ

وانتهى

للذلِّ والوهَنِ

غيرَ هذا المَدَى..

وسيرتُهُ:

ما يُرَى

في الآيِ والدِّمَنِ

من يَرُمْ

سُقيَا مُدامَتِهِ

يُسقَ من نِيلٍ

ومن عَدَنِ

بَحرُهُ

يهتاجُ في دَمِهِ

رِيحُهُ

شبَّابَةُ السفُنِ

ما رمَى رامٍ

ليقتُلَهُ

فرَّ من بأسٍ

فليسَ يَنِي

أيُّهذا السهلُ

حالَ عَنَا

أيُّهذا الخِلُّ

في المِحَنِ

يا جميلَ الرُّوحِ

يا قَمَراً

يا «نسيمَ الرِّيحِ»

يا وطنِي

يا هوى قَلبِي

وأيَّ هوىً

شَفَّنِي..

والعهدَ: لم يَخُنِ

كيفَ أنسَى وفيكَ ذاكرَتِي؟!

كيفَ آسى

وفيكَ لم أَهُنِ؟!

من يرانِي

ليسَ يذكُرُنِي

دونَ ضوءٍ منكَ

لم يرَنِي

لا يسُوسُ الرِّيحَ

غيرُ فتىً

قبلَ سُهْدٍ فيكَ

لم يكُنِ

يا سلاماً

في زمانِ دَمٍ

يا جمالاً

قاتِلَ الإحَنِ

من ثُرَيَّاكَ

الضياءُ مَدىً

لا ظلاماً

ضجَّ بالفِتَنِ

كلُّ حَيٍّ

يرتجِي وطناً

صارَ مَيْتاً

دونَما وطنِ

من يعِشْ

أيامَهُ سرَفاً

يُنفِقْ الدنيا

بلا ثَمَنِ

رحيلُ النَّرجِس

كنتُ

أمرُّ بها صبحاً

فاتحةً نافذةَ الزيتونِ

على أبهاءِ مساجدِ عينيها

وسدومُ الأمداءِ القاحلةُ

تنازعُ أطرافَ الغلَسِ

فتنبسُ شفتاهَا العنبرُ

للشارعِ

والعرباتِ

الناسِ

الأطفالِ العدَّائينَ

إلى الطابورِ

بناتِ الحقلِ اللائي

يُهرعنَ إلى النَّهرِ

فترقصُ حَلْماتُ القطنِ

بماءِ الصُّفَّةِ

والأحصنَةِ الراكضةِ

على دربِ لَمَاها

والتِّينِ الطالعِ

في وردةِ خديها

أهدابِ النرجِسِ،

وحماماتِ الكرخِ

وريحِ المرمرِ

حينَ تهُبُّ على النخلِ

الرُّطَبِ الساقطِ من وجنتها

وكُراتِ الموسيقَى

والشالِ على طُرَّتِها والليلِ

«صباح الخيرْ»

المارةُ منهمكونَ

بمحوِ مسافةِ هذي الأمتارِ

الحائلةِ على قِلَّتِها

ما بينَ دراري النورِ

الماثلَةِ حيالَ الأعيُنِ

والأفئدَةِ النازحةِ إلى اللهِ

فتوشِمُ هذي الأعينُ

قُبلَتَها لِهُمُو

كي يستهِمُوا

ويسيرَ الرَّكبُ

إلى حيثُ امتدَّتْ

أرزاقُ الأيامِ الرِّقَّةِ

تصبحُ بَذَخاً

من رَمقتِها في الصبحِ

إلى مغربِ فتنتها

يصطفُّ الأنفارُ على الرُّوحِ

وفوق لَجاجِ الصَّدرِ

يُمَنّونَ شفاهَ العَطشِ

بمَزقةِ نَهدٍ

ومِلاطٍ من عَسجَدٍ

انثالَ على خَصرِ اللُّجَّةِ

يا اللهُ

لقد أترعَ هذا السيلُ العطشَى

وأناخَتْ إبْلُ الصحراءِ

قُبالةَ نبعِ أصابعِها

النِّيلِ المتفجِّرِ/

زمزمِها

يا كلَّ أراضي اللهِ

تعالَيْ

واستبقِي العبْراتِ

وسوحِي

في أوداجِ العتمَةِ

واشتجِري

بالأضغاثِ

وبالأضغانِ

وهُبِّي

يا ريحَ الصَّرصَرِ

واقتلِعِي كلَّ جذورِ النَّخلِ

وخَلِّي النُورَ

ظلاماً وقتاماً

وأحيلِي السُّحْبَ غمَاماً

ماتَتْ

جَلوةُ قلبِ المارَّةِ والأطفالِ

وشمسُ الإصباحِ

وقمرُ الليلِ

«وسالت أوديةٌ»

واحتملَ السيلُ الزَّبَدَ الرابِيَ

وافتضَّ الليلَكَةَ البُورْ

انحسرَ المَدُّ

وقُطِّعَتْ الأوصالُ

وعادَ الناسُ على البَدءِ:

تنانيرَ تفورْ

كي تُرغِمَ وجهَ الحيِّ

وتبهَتَ عِرضَ الحُورْ

وتجوسَ بأغوارِ القُبحِ

وتُحكِمَ قيدَ الزُّورْ

فالموتُ على المُهجةِ بادٍ

والقلبُ

على الحُرقَةِ مفطُورْ.

مقايضة

بعدما ضـــاقَ بالفضـــاءِ ذراعـــي
وتلاشَـــى مـــن الثقـــوبِ شـــراعي

واجْتـــرى كلٌّ مَن دنَا قُـــربَ قلبي
مثلَ عاتي الريـــاحِ صَوبَ قِلاعي

واســـتهامت نجيمتـــان بضوئـــي
واســـتراحت غيومُهـــم بضِياعـــي

ضـــلَّ عنـــي مُناوئـــي حيـــن جئنا
للحِمَـــى مثـــلَ منطقـــي وخداعـــي

ليـــس عندي لِذي الحـــوادثِ معنىً
غيـــرُ كونـــي لموقفـــي متداعِـــي

هـا هـو الضيـمُ فـي البـلادِ بلادٌ
والمـدى فيـه بـارقٌ لوداعـي

كيـف تنأى ملامـحُ الوجـهِ عني
فـي الحكايـا وتحتفـي بقناعي؟!

غـيـرُ لـيـلٍ ومـنـتـهـىً وظـلالٍ
فـوقَ مـاءٍ.. كـذاكَ كان ضَياعي

باعَـدوا سـامرَ المحبـةِ عنـي
ويكأنـي بغَيِّهـم غيـرُ واعِ

منـذُ قلبـي جفـا التبتُّـلُ عينِـي
منـذُ عينـي خطَطتُهـا بيراعـي

فهْـيَ كَلْمَــى غَوايتِــي وهوائــي
كلَّمــا قلــتُ: «نافـذٌ يا شــعاعي»

كلَّمــا جــاءَ فــي الهزيــعِ ضيــاءٌ
نــابَ عنــي إلــى الدُّجُنَّــةِ داعِ

ظامئــاً كــم ورَدتُ بئــرَ لَماهــا
ويــحَ قلبــي إلى الســرابات ســاعِ

إن يكــن لــي علــى المياهِ بعيــرٌ
فسأســقي.. ولــو قتلــتُ الراعــي

الفهرس